지구를 위해 달려라
공학

내일의 공학 01
지구를 위해 달려라, 공학

초판 1쇄 펴낸날 2021년 12월 13일
초판 3쇄 펴낸날 2025년 7월 14일

글 소이언
그림 이예숙
펴낸이 홍지연

편집 홍소연 고영완 이태화 김지예 이수진 김신애
디자인 이정화 박태연 정든해 이설
마케팅 강점원 원숙영 김가영 김동휘
경영지원 정상희 배지수

펴낸곳 (주)우리학교
출판등록 제313-2009-26호(2009년 1월 5일)
제조국 대한민국
주소 04029 서울시 마포구 동교로12안길 8
전화 02-6012-6094
팩스 02-6012-6092
홈페이지 www.woorischool.co.kr
이메일 woorischool@naver.com

ⓒ소이언, 2021
ISBN 979-11-6755-032-3 (73530)

- 책값은 뒤표지에 적혀 있습니다.
- 잘못된 책은 구입한 곳에서 바꾸어 드립니다.
- KC 마크는 이 제품이 공통안전기준에 적합하였음을 의미합니다.

- 사진 저작권
25쪽 @policiademadrid
28, 41, 42, 51, 57, 62, 68, 74, 103, 113, 122쪽 ⓒ셔터스톡
54쪽 Geograph ⓒN T Stobbs
76쪽 위키피디아 ⓒMax Milas
79쪽 위키피디아 ⓒColin
90쪽 위키피디아 ⓒGeof Sheppard
100쪽 @CarbonEngineer
118쪽 NASA

- 이 책은 산업통상자원부의 지원을 받아 NAEK 한국공학한림원과 (주)우리학교가 발간합니다.

내일의 공학

지구를 위해 달려라
공학

소이언 글 ◆ 이예숙 그림

우리학교

머리말

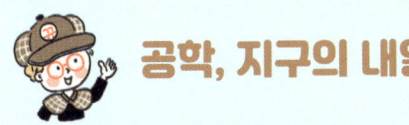
공학, 지구의 내일을 부탁해!

지금으로부터 십 년 후, 이십 년 후에 여러분은 벌써 어른이 되어 있겠죠? 그때 여러분은 어떤 모습일까요? 사랑하는 사람도 만나고 혼자 세계 여행도 떠나고, 그렇게 하고 싶은 걸 맘대로 하고 있을까요? 또 그때 우리가 사는 세상은 어떻게 변해 있을까요?

우리는 미래를 상상할 때 흔히 모든 걸 척척 다 해 주는 인공 지능 로봇이나 하늘을 나는 자동차 같은 걸 떠올려요. 하지만 앞으로 다가올 미래에 우리 삶을 가장 크게 뒤흔드는 건, 로봇이나 우주선이 아니라 공기나 물, 뜨거운 날씨, 멸종 위기 생물들일지 몰라요. 왜냐하면 환경 문제가 자꾸만 심각해지고 있기 때문이에요.

인간은 과학과 공학 기술을 발전시키며 지구에 뛰어난 문명을 건설했어요. 덕분에 편리한 생활을 누릴 수 있었죠. 하지만 그러는 동안 지구 환경은 조금씩 망가졌어요. 특히 인간의 활동으로 발생한 탄소가 지구를 점점 뜨겁게 만들어 심각한 기후 위기를 불러왔죠.

만약 우리가 이대로 아무것도 하지 않는다면, 지구는 살아남기 힘든 행성이 되고 말 거예요.

하지만 너무 걱정할 필요는 없답니다. 문제가 있으면 해결하면 되고, 길이 안 보이면 다른 길을 찾으면 되니까요. 인간은 오랫동안 수많은 어려움에 그리고 그때마다 앞장서서 가장 빠른 답을 찾아낸 게 바로 '공학'과 '공학자들'이었답니다. 공학은 문제만 해결해 주는 게 아니라 우리가 상상만 하던 걸 현실로 만들어 주었어요. 새처럼 날아 먼 곳으로 가고 싶다는 꿈을 이뤄 준 비행기처럼 말이에요. 그래서 지구를 살리려면 공학이 어떤 놀라운 힘을 가지고 있는지 꼭 알아야 해요.

기후 위기를 해결하기 위해 나무를 심는 것도 좋지만, 나무보다 훨씬 더 탄소를 잘 흡수하는 기계 잎사귀를 만들면 어떨까요? 싱싱한 초록 숲 옆에 특별한 장치로 반짝이는 잎이 달린 인공 나무 숲을 상상해 보세요! 실제로 지금 세계 곳곳에서 다양한 인공 나무를 개발해 기후 위기에 맞서고 있답니다.

여러분이 펼쳐 든 이 책 속에는 인공 나무처럼 공학이 환경을 지키는 이야기가 가득 들어 있답니다. 여러분도 언젠가는 지구를 구하는 멋진 사람이 되고 싶나요? 그럼 공학과 함께 지구를 살리는 착한 공부를 시작해 볼까요?

소이언

목 차

1. 지구 멸망 시계가 똑딱똑딱? ◆ 9

지구 멸망 100초 전 ◆ 10
과학자와 공학자들의 다급한 경고 ◆ 16
등장! 초강력 환경 문제 ◆ 20
믿어 봐, 과학과 공학의 힘! ◆ 23

환경 탐정 뀨와 공학특공대 ◆ 28
지구의 하늘을 어지럽히는 범인을 찾아라!

2. 지구를 살리는 공학을 소개합니다! ◆ 31

작지만 큰 행성, 지구 ◆ 32
공학? 정체가 뭐야? ◆ 35
공학이 바꾼 지구의 풍경 1위는? ◆ 44
빛을 만든 것도 공학, 그림자를 만든 것도 공학이라고? ◆ 49
오염 덕분에 오염이 줄어들었다? ◆ 53
지구를 살리는 공학이 탄생하다 ◆ 58

환경 탐정 뀨와 공학특공대 ◆ 62
지구의 숲을 망가뜨리는 범인을 찾아라!

3. 빨간 지구를 파랗게, 뜨거운 지구를 시원하게 ◆ 65

도와줘! 지구에 또 큰 위기가 닥치고 있어! ◆ 66
지구가 화났다! ◆ 73
걱정부터 하지 말고 주위를 둘러보자 ◆ 77
누가 지구에 이불을 덮어 준 거야? ◆ 81
탄소를 내뿜는 화석 연료들 ◆ 87
탄소, 너를 봉인하겠다! ◆ 94

환경 탐정 뀨와 공학특공대 ◆ 102
지구를 뜨겁게 만드는 범인을 찾아라!

4. 지속 가능한 지구를 위해, 달려라 공학! ◆ 105

지속 가능한 미래를 준비하는 시간 ◆ 106
지구공학, 희망의 끈을 놓지 마 ◆ 115
공학, 지구의 내일을 부탁해! ◆ 120

환경 탐정 뀨와 공학특공대 ◆ 122
지구의 온도를 낮춰 줄 실마리를 찾아라!

1

지구 멸망 시계가 똑딱똑딱?

지구 멸망 100초 전

한밤중, 시침과 분침이 만나는 왠지 으스스한 시간 12시. 동동 동대문도 남남 남대문도 모두 닫히고, 어려서 부모님을 잃고 구박을 받던 신데렐라도 집으로 돌아가야 하는 시간.

언제 어디서나 12시가 꼭 말썽이죠? 여기 커다란 시계 하나가 밤 11시 58분 20초를 가리키고 있습니다.

똑딱똑딱, 똑딱똑딱.

자정인 12시가 되기까지 100초가 남았네요. 딱 100초!

자정까지 얼마 남지 않은 시계를 보니 어쩐지 초조하고 아슬아슬한 기분이 듭니다. 이 시계가 12시를 가리키면 대체 어떤 일이 일어날까요?

답은 이 시계의 이름에 있답니다. 시계 이름은 바로 '운명의 날'입니다. 영어로는 '둠스데이 클락'이라고 부르기도 하고 '지구 종말의 시계'라고도 하죠.

맞아요. 시계가 12시를 가리키면, 이 세상 모든 것이 사라질지도 모릅니다. 우리 인간을 포함한 지구 위의 모든 것들이 말이죠.

물론 이 시계에 마법이나 어떤 알 수 없는 이상한 힘이 있어서 지구를 멸망시키는 건 절대 아니랍니다. 12시를 향해 가는 시계는 그저 경고등일 뿐입니다. 인간과 지구가 돌이킬 수 없는 위험한 상황에 처했다는 걸 경고하는 장치죠.

　하지만 시계의 힘은 강력하답니다. 지구가 멸망할 만큼 커다란 위기가 닥쳤고, 그때까지 시간이 얼마 남지 않았다는 걸 한눈에 보여 주니까요.

　대체 누가 이런 시계를 만들었을까요? 바로 제2차 세계 대전 당시 원자 폭탄을 만들자고 제안한 아인슈타인과, 실제로 원자 폭탄을 만들기 위해 '맨해튼 계획'에 참여한 오펜하이머, 페르미, 파인먼 같은 과학자와 공학자들이랍니다. 이들은 모두 노벨상을 탈 만큼 엄청나게 뛰어나고 유명한 사람들이었죠.

　그들은 언제, 왜 이런 시계를 만든 걸까요?

> **'맨해튼 계획'**은 제2차 세계 대전 때 실시된 미국의 원자 폭탄 개발 계획이에요. 1942년에 시작해 1945년에 완성되었죠. 당시 뛰어난 과학자들이 대거 참여한 이 계획의 결과, 일본의 두 도시에 원자 폭탄이 투하되었답니다.

전 세계를 휩쓸었던 제2차 세계 대전이 끝난 뒤 과학자와 공학자들은 인간의 잘못으로 지구가 멸망할지도 모른다고 생각했습니다. 그리고 반드시 그것만은 막겠다는 절박한 마음으로 운명의 날 시계를 만들었죠.

　아니, 원자 폭탄을 개발해 놓고 지구가 멸망할 것을 걱정했다니 앞뒤가 맞지 않는다고요? 그들은 악당들이 무시무시한 폭탄을 손에 넣기 전에 먼저 그걸 만들어야 한다고 생각했습니다. 강력한 무기가 손에 있다면 전쟁을 일으킨 사람들이 곧 항복해, 길고 참혹한 전쟁이 끝날 거라고 생각했죠.

> 과학자와 공학자들은
> **인간의 잘못으로**
> 지구가 멸망할지도 모른다고
> 생각했습니다.

그런데 실제로 만들고 보니, 원자 폭탄은 생각보다 훨씬 더 위험한 무기였습니다. 미국의 외진 곳에 멀리 떨어진 모래사막에서 진행된 원자 폭탄 실험은 모두를 놀라게 했죠. 과학자와 공학자들은 폭발 후 죽음의 버섯구름이 피어오르는 것을 보고 "군사적인 목적을 위해 원자 폭탄이 사용되어서는 안 된다."라고 주장하기도 했습니다.

하지만 결국 원자 폭탄은 일본의 두 도시, 히로시마와 나가사키를 끔찍하게 파괴하고 말았습니다. 그리고 전쟁도 끝이 났습니다.

전쟁은 끝났지만, 더 큰 힘을 갖고 싶어 하는 사람들이 이 무서운 무기에 욕심을 내기 시작했습니다. 당시 힘이 센 나라들은 너도 나도 원자 폭탄과 수소 폭탄 같은 핵무기를 만들기 시작했죠.

그 결과 또다시 전쟁이 일어나 서로를 향해 핵폭탄을 터뜨린다면, 순식간에 전 세계 사람 모두를 죽일 수 있을 정도의 무기가 만들어졌습니다.

과학자와 공학자들의 다급한 경고

평화를 위해 만든 발명품이 지구를 멸망시킬지도 모른다니, 과학자와 공학자들은 가만히 있을 수가 없었습니다. 지구에 닥친 위험을 경고하기 위해 운명의 날 시계를 만들고, 인류의 지혜를 모으자고 호소했죠.

그렇게 시계가 처음 만들어진 1947년, 시침과 분침은 11시 53분에 맞춰졌습니다. 지구가 멸망하기 7분 전이라는 의미였습니다. 그 후로 운명의 날 시계는 해마다 지구가 얼마나 위험에 처해 있는지를 시곗바늘로 알려 주고 있죠.

다행히 인류는 슬기롭게도 무시무시한 폭탄들을 스스로 해체하고 없애며, 무기 감축을 통해 핵전쟁의 위험에서 차츰차츰 벗어났습니다. 그 결과 운명의 날 시계의 움직임도 느려졌죠.

하지만 최근 들어 지구에 핵폭탄만큼이나 강력한 위험이 다시 찾아왔습니다. 과학자들은 그 위험을 운명의 날 시계에 반영했고, 시곗바늘은 다시 빠르게 자정을 향해 움직이기 시작했습니다.

초강력 핵폭탄만큼이나 지구를 뒤흔드는 위험이 무엇인지 궁금하다고요? 놀랍게도 '환경 오염'과 '기후 변화'랍니다.

도대체 환경 오염과 기후 변화가 얼마나 위험하기에 인류 역사상 가장 강력한 무기로 알려진 '차르 봄바'보다 더 빠르게 종말의 시곗바늘을 앞당기고 있는 걸까요?

물론 지구 환경이 망가지고 있다는 건 이미 우리도 잘 알고 있습니다. 왜냐하면 온통 뿌옇게 미세 먼지가 하늘을 뒤덮어 숨쉬기도 힘든 날이 많아지고 있기 때문이죠. 또 우리가 버린 플라스틱 빨대가 콧구멍에 박혀 아파하는 바다거북을 보면서, 쓰레기 문제가 정말 심각하다는 것도 느끼고 있고요.

최근에는 지구의 날씨가 점점 사나워져서 태풍이나 산불이 자주 발생하고, 빙하가 녹아 북극곰이 살기 어려워졌다는 것도 익히 들어 잘 알고 있습니다.

그래도 그렇지, 이런 환경 문제가 초강력 핵폭탄만큼이나 위험하다니 '정말?' 하고 믿기 어려울지도 몰라요. 하지만 전 세계를 휩쓴 코로나바이러스감염증-19(코로나19) 감염병만 봐도, 우리는 환경 문제가 얼마나 심각한지 금방 이해할 수 있습니다.

> **차르 봄바(Tsar Bomba)는** 1961년에 소련에서 실험한 수소 폭탄이에요. 도시 몇 개를 날릴 정도로 강력한 핵무기인 차르 봄바가 폭발할 당시 세계에서 가장 높은 산인 에베레스트보다 일곱 배나 높이 버섯구름이 솟아올랐대요.

등장! 초강력 환경 문제

코로나19가 인간을 공격하게 된 데에는 여러 가지 이유가 있지만, 가장 중요하고 근본적인 이유는 바로 인간의 환경 파괴 때문입니다.

인간은 농사를 짓고, 공장을 세우고, 도시를 넓히느라 야생 동물이 살던 숲과 땅을 계속 침범하고 망가뜨렸습니다. 그 결과 바이러스는 보금자리를 잃은 동물을 떠나 인간에게 옮겨 갔죠.

눈에 보이지 않는 이 작은 바이러스는 우리 모두의 삶을 삐걱거리게 하더니 결국 모든 것을 멈추게 만들었습니다. 많은 사람이 아프거나 죽었고, 격리되었습니다. 경제는 무척 어려워져 부모님의 한숨도 늘었습니다.

우리는 마스크를 쓰고 학교에 가야 했고, 마스크를 쓰고 축구를 해야 했습니다. 어떤 날은 마스크를 써도 학교에 가지 못하고 친구들을 만나지 못했죠. 바이러스 때문에 공부를 많이 못 한 것도 문제고, 학원을 많이 다닌 아이와 그렇지 못한 아이 사이에 실력 차이가 벌어진 것도 문제지만, 더 큰 문제는 따로 있었습니다. 바로 다른 사람들과 어울려 지내지 못한 것입니다.

교실에서 친구들과 복작거리며 배려하고 공감하는 법을 배워야 하는데, 그런 시간을 빼앗긴 것이죠. 다른 사람의 행동과 표정을 읽으며 함께 살아가는 법을 배울 수 있는 기회를 잃은 거예요.

그래서 어른들은 걱정했습니다.

"너희가 잃어버린 세대가 되면 어떡하지?"

하지만 괜찮아요! 너무 크게 걱정할 필요는 없답니다. 문제가 있으면 차근차근 해결하면 되고, 잃어버린 것이 있다면 다시 찾으면 되니까요. 그리고 우리는 벌써 그렇게 하고 있거든요.

문제가 있으면
차근차근 해결하면 되고,
잃어버린 것이 있다면
다시 찾으면 돼요.

믿어 봐, 과학과 공학의 힘!

끝이 없을 것처럼 보였지만, 우리는 코로나19를 잘 이겨 내고 있습니다. 어린아이들을 포함한 모든 시민이 사회적 거리 두기를 실천하며 마스크 쓰기나 손 씻기 같은 개인위생과 방역 수칙을 잘 지켜 준 덕분입니다.

의사와 간호사뿐 아니라 공무원, 자원봉사자, 병원에서 나오는 쓰레기를 담당하는 사람들까지, 많은 이의 헌신과 희생도 소중했고요.

하지만 바이러스와의 전쟁에서 가장 큰 활약을 한 것은 따로 있답니다. 바로바로 과학과 공학 기술이죠. 코로나19를 물리치는 데 가장 중요한 백신과 치료제를 만든 것이 바로 공학이기 때문입니다.

공학이라는 말이 낯설다고요? 그렇다면 침방울을 잘 막는 재료로 마스크를 만든 것도, 한 번 쓰고 버리는 마스크가 환경을 오염시키지 않게 금방 썩어 분해되는 마스크를 연구하는 것도 공학이라면 어때요?

공학은 건물 안 공기를 잘 움직이게 만들어 바이러스가 오래 머무르지 않는 안전한 환기 시스템을 설치할 수 있게 했습니다. 또 피부에 안전하면서 바이러스와 세균을 없애는 소독제도 만들 수 있게 했죠. 그뿐인가요? 확진자와 접촉자가 어디로 움직였는지 추적하고, 사람들에게 실시간으로 정보와 데이터를 알려 준 것도 공학이랍니다!

공학 기술은 문제를 정말 빠른 속도로 해결한답니다. 병원에서 산소 호흡기가 부족해지자, 한 공학자는 3D프린터를 이용해 6시간 만에 밸브를 만들고 여기에 바닷속을 구경할 때 사용하는 스노클링 마스크를 연결해 산소 호흡기를 만들어 내기도 했죠.

> **'3D프린터'**는 입력한 도면대로 입체 물품을 만들어 내는 기계예요. 설계도만 있으면 원하는 물체를 바로 만들 수 있어 다양한 분야에서 활용되고 있어요.

지금도 전 세계의 공학자와 기술자들은 온갖 아이디어를 쏟아내고 있습니다. 주변에서 얻을 수 있는 물건들을 이용해 빠르고 쉬우면서도 돈을 많이 쓰지 않고 바이러스를 막을 방법들을 말이에요.

우리가 이처럼 빠르게 코로나19를 극복할 해결책을 찾을 수 있었던 것은 다 '공학의 힘' 덕분이었습니다. 공장이 문을 닫고 사람들이 격리되어 필요한 물건들을 구하기 힘들지라도 문제를 해결하고 누군가를 돕는 일을 절대 포기하지 않으려는 마음. 완벽하지 않지만 부족하면 부족한 대로 지금 할 수 있는 모든 방법을 살펴보고, 짜낼 수 있는 아이디어를 최대한 모아 당장 행동으로 옮기는 태도. 이것이 바로 공학이 가진 힘이랍니다.

이런 힘을 바탕으로 지금의 공학 기술은 바이러스뿐 아니라 점점 뜨거워지는 지구를 막기 위한 방법과 지구 환경을 다시 살리는 방법을 부지런히 찾고 있습니다.

12시를 향해 계속 움직이던 운명의 날 시계는 현재 지구 종말 100초 전에 멈춰 있습니다. 아슬아슬 간당간당한 시간이지만, 과학과 공학 기술이 가진 힘을 더 끌어낸다면 얼마든지 시곗바늘을 도로 앞으로 당길 수 있지 않을까요?

공학 기술은 지금 위기에 빠진 지구를 구할 수 있는 가장 확실하고 강력한 희망이 되어 주고 있습니다. 이어지는 이야기와 함께 길을 따라가며, 우리가 몰랐던 공학의 세계로 떠나 볼까요?

지금 할 수 있는
모든 방법을 살펴보고,
짜낼 수 있는 아이디어를
최대한 모아
당장 행동으로 옮기는 태도.
이것이 바로
공학이 가진 힘이랍니다.

환경 탐정 뀨와 공학특공대

지구의 하늘을 어지럽히는 범인을 찾아라!

아무래도 저 구름이 수상해! 코로나19가 발생한 이후 저런 구름들이 확 줄어든 것도 미심쩍고. 이 기회에 비밀을 파헤쳐 봐야겠다뀨. 공학특공대를 연결하자뀨!

저것은 비행기가 날아가며 만드는 구름인 비행운입니닷! 독일항공우주센터에 따르면 코로나19로 외국 여행이 어려워지면서 비행기가 뜨지 않아 비행운이 90퍼센트나 줄었다고 합니닷.

공항 주변 공기도 확인해 봤더니 확실히 오염이 줄었다는군. 역시 비행기도 환경을 어지럽히는 범인 중 하나였어. 좀 덜 타야겠다뀨. 혹시 다른 이상한 점은 없었뀨?

저 긴 꼬리 모양 구름이 지구를 더 뜨겁게 만든다는 걸 알아냈습니닷! 비행기가 뿜어내는 배기가스 속 작은 입자에 수증기가 달라붙어 저런 구름이 만들어지는데, 이 구름이 지구 밖으로 빠져나가야 할 에너지를 흡수해서 지구의 기온이 올라간다고 합니닷!

이것 좀 봐! 영국 임페리얼칼리지런던 토목환경공학과 팀이 분석한 자료를 보라뀨. 비행기가 600미터만 낮게 날아도 대기 오염이 줄어들고 지구 기온에도 영향을 덜 준다뀨! 방법이 있었다뀨!

비밀을 알아내셨군요! 코로나19를 계기로 하늘과 우주에서 지구를 관찰하는 '지구과학긴급대응연구팀'들이 만들어진 것도 알려 드리죠. 미국 항공우주국인 나사(NASA)가 지원하고, 인공위성 데이터도 널리 공개하고 있습니닷. 지구 환경을 어지럽히는 것들을 싹 다 조사할 예정입니닷!

2

지구를 살리는 공학을 소개합니다!

작지만 큰 행성, 지구

지구는 지금으로부터 약 46억 년 전, 우주의 먼지가 뭉쳐서 생겨났습니다. 땅과 물과 공기가 서서히 자리를 잡고, 시간이 흐르고 흘러 약 38억 년 전쯤 바닷속에서 생명이 탄생했죠. 그리고 또 엄청나게 긴 시간이 흘러 약 500만 년 전엔 인류가 나타났습니다. 지금의 인류, 즉 우리들의 조상인 호모 사피엔스는 약 35만 년 전에야 등장하죠.

지구의 나이를 말하는 숫자들은 커도 너무나 커서, 여러 번 들어도 그게 얼마만큼의 시간인지 알아차리기 어렵습니다. 그래서 지금까지의 지구 역사를 1년으로 바꾸어 생각하면 그 시간을 짐작하기 쉽답니다.

1월 1일에 지구가 탄생했다면 2월 27일에 처음으로 생명이 나타났습니다. 그럼 우리의 조상인 호모 사피엔스는 언제 등장할까요? 한 해의 마지막 날인 12월 31일 오전 10시나 되어야 겨우 등장합니다. 만약 지구의 역사를 하루 24시간으로 바꾼다면, 인간의 시간은 길어야 4~5초도 안 되죠.

하지만 그토록 짧은 순간에 인간은 그 어떤 생명체도 이루지 못한 엄청난 문명을 이 지구 위에 건설했습니다. 바로 공학을 이용해서요. 정말 대단하죠?

인간이 건설한 문명을 보고 싶다면 도시를 둘러보면 됩니다. 우리가 살아가는 21세기의 도시 풍경은 전 세계 어디나 비슷비슷하거든요. 그게 서울이든 뉴욕이든 런던, 파리 혹은 베이징이든 말이죠. 콘크리트로 지은 높고 낮은 건물들과 그 사이를 가로지르는 도로, 땅 위를 달리는 자동차와 그 아래를 달리는 지하철, 하늘을 날아다니는 비행기를 떠올려 보세요!

마트와 상점에는 공장에서 만든 물건이 가득합니다. 사람들은 모두 색색깔의 옷을 입고 바삐 움직입니다. 손에는 스마트폰을 든 채 보이지 않는 네트워크로 연결되어, 저마다 열심히 공부하고 일하고 사랑하며 이 세계를 살아갑니다. 사람 말고 도시를 자유롭게 돌아다니는 생명체는 비둘기나 길고양이 정도죠.

이런 풍경을 만들어 낸 것이 바로 공학이랍니다. 우리 삶을 이루는 대부분의 것들이 공학의 결과물이죠. 도대체 공학이 뭐길래 인간은 이렇게 엄청난 문명을 건설할 수 있었을까요?

공학? 정체가 뭐야?

과학과 공학은 비슷해 보이지만 알고 보면 굉장히 다르답니다. 과학이 자연의 원리를 이해하는 일이라면, 공학은 과학에서 얻은 지식을 응용해 인간에게 필요한 뭔가를 만드는 일이거든요.

좀 더 자세히 말하자면 과학은 "왜?"라는 질문에 대한 답을 찾는 과정입니다. "왜 이런 일이 일어날까? 아마 이런 이유로 저렇게 되는 것 같다."라는 가설을 세우고, 수많은 관찰과 실험을 통해 이유와 법칙을 밝혀냅니다.

이와 달리 공학은 "어떻게?"라는 질문에 대한 답을 찾는 과정입니다. "이 문제를 해결하려면 어떻게 해야 할까? 이런 법칙으로 저렇게 만들면 되겠다."라는 설계와 실험을 통해 새로운 방법과 물건을 창조해 내죠.

무엇이든 만들 수 있는 블록을 떠올리면 이해하기가 쉬울 거예요. 기본이 되는 블록들이 많으면 많이 만들 수 있을 겁니다. 하지만 그냥 쌓아 두기만 하면 아무 소용이 없습니다. 이 블록들을 서로 연결하고 맞춰야 작품을 완성할 수 있죠.

가지각색 낱낱의 블록이 과학이라면, 그 블록으로 무언가를 만들어 내는 것이 바로 공학입니다. 그래서 공학이 없으면 그 어떤 새로운 것도 탄생할 수 없답니다.

공학은 흔히 테크놀로지라 부르는 기술의 한 영역입니다. 공학(工學)의 '공(工)' 자는 물건을 만드는 사람인 '장인'을 뜻하는 말입니다. '도구'라는 뜻도 함께 가지고 있죠. 공학은 영어로 '엔지니어링(Engineering)'인데, 라틴어 'ingeniatorem(인게니아토렘)'에서 나온 말입니다. '무엇을 만드는 데 재주가 있음'을 뜻하죠. 무언가를 만드는 걸 좋아한다면, 누구든 공학자가 될 수 있는 거예요.

공학은 생활 속의 다양한 문제들을 해결하면서 발전해 왔습니다. 예를 들어 어디든 원하는 곳까지 가고 싶은데, 걷거나 말을 타는 것만으로는 한계가 있었겠죠? 그래서 이동의 문제를 해결하는 과정에서 자동차, 기차, 배, 비행기 등이 만들어졌습니다.

멀리 있는 사람과 빨리, 또 많이 소식을 주고받고 싶은데 언제까지 비둘기 다리에 편지를 매달 수는 없잖아요? 그래서 전화, 인터넷, 스마트폰이 탄생한 것이죠.

이처럼 공학의 핵심은 '문제 해결'이랍니다. 무엇이든 문제가 발생하면 공학이 출동하죠. 그런 이유로 공학은 인류의 탄생과 함께 생겨났습니다. 인간의 삶이란, 언제나 문제 해결의 연속이잖아요.

과학과 공학은 비슷한 듯 다르지만, 실과 바늘처럼 붙어 다니며 서로가 서로에게 꼭 필요합니다. 과학 법칙을 바탕으로 공학 기술이 발전하지만, 공학 기술 덕분에 과학 법칙을 더 정확하게, 더 많이 밝혀내고 있거든요.

여러분 책상 위의 볼펜을 보세요. 볼펜을 분해해 속을 들여다보면, 긴 튜브 안에 잉크가 있고 뾰족하게 만든 튜브 끝을 작은 공인 '볼'이 막고 있죠?

볼펜을 세워서 종이에 대면, 지구가 물체를 아래로 잡아당기는 힘인 '중력' 때문에 잉크가 흘러나오게 됩니다. 그래서 중력의 힘이 작용하지 않는 우주에서는 평범한 볼펜으로는 종이에 글씨를 쓸 수 없죠.

볼펜은 작은 볼의 역할이 중요합니다. 볼이 구멍에 틈을 만들고 빙글빙글 돌면서 잉크가 적당히 새어 나오게 만들어야 부드럽게 글씨를 쓸 수 있거든요. 이 볼이 없으면 볼펜도 없죠.

여기서 중력은 볼펜에 적용된 '과학'입니다. 뉴턴을 비롯한 많은 과학자가 중력의 법칙을 밝혀냈죠. 그리고 뾰족한 튜브 끝에 끼운 작은 볼은 과학이나 공학에 늘 따라붙는 '기술'입니다. 그럼 볼펜에 적용된 공학은 무엇일까요?

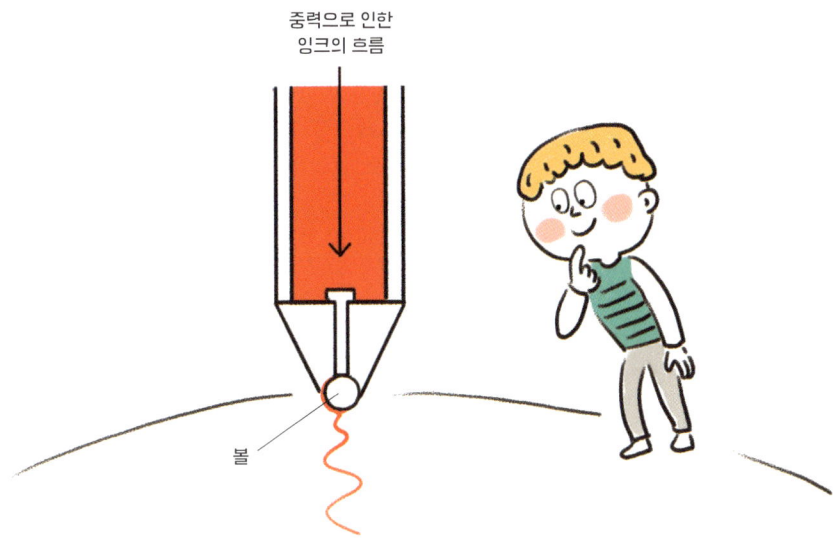

　책상 위를 다시 보세요. 삼색 볼펜, 유성 볼펜, 가늘게 써지는 펜 등 엄청난 종류의 펜이 있죠? 심지어 손가락이 없거나 손을 다쳤을 때 쉽게 잡고 쓸 수 있는 펜도 있답니다. 이처럼 사용하는 방법, 사용하는 사람에 따라, 즉 각각의 목적에 맞게 펜을 만들어 내는 게 바로 공학입니다.

　공학자들은 과학 법칙을 바탕으로 기술을 더 깊이 탐구하면서 바꾸거나 비틀고(변형), 합치고(융합), 디자인(가공)합니다. 이 과정을 통해 공학은 언제나 '더 나은' 것을 만들어 낼 수 있습니다.

과학 법칙을 바탕으로
기술을 더 깊이 탐구하는 과정을 통해
공학은 언제나
'더 나은' 것을 만들어 낼 수 있습니다.

공학이 실제로 어떤 것들을 만들어 냈는지 궁금하지 않나요? 공학은 이 세상 모든 것을 만드는 만큼 그 분야도 어마어마하게 넓답니다. 그중에서 가장 기본이 되는 분야는 토목공학, 기계공학, 화학공학, 전자공학, 생명공학입니다.

토목공학은 인류 문명과 함께 시작되었습니다. 흙을 뜻하는 '토(土)' 자와 나무를 뜻하는 '목(木)' 자를 보세요. 흙과 나무로 인간이 살아갈 집과 길을 만들면서부터 토목공학은 시작된 거예요. 역사가 정말 길죠?

　토목공학은 건물, 도로, 다리, 터널, 항구, 공항, 철도를 만드는 모든 일의 기본을 이루고 있습니다. 건축공학, 도시공학, 교통공학, 환경공학 등으로 뻗어 나가고 있죠.

　기계공학은 힘과 움직임에 대한 과학 법칙을 바탕으로 하는 공학 분야로, 증기 기관이 발명되면서 활짝 꽃피었습니다. 공장의 크고 복잡한 기계는 물론, 자동차나 배, 기차, 비행기 등을 만드는 것이 바로 기계공학이죠. 로봇과 원자력 발전소 그리고 우주선을 만드는 것도 전부 기계공학에서부터 시작한답니다.

　화학공학도 중요해요. 인간은 자연에 존재하는 수소, 산소, 탄소 같은 원소들을 반응시켜 옷감, 약, 비료, 폭탄, 화장품, 세제, 플라스틱처럼 수많은 화학 물질을 만들어 냈습니다. 화학공학은 이처럼 인간에게 꼭 필요한 각종 물질과 재료를 만들어 내는 분야입니다. 금속공학, 재료공학, 신소재공학, 고분자공학, 나노공학 등등 여러 갈래로 발전해 왔죠.

전자공학도 빼놓을 수 없습니다. 전자공학은 자석의 밀고 당기는 힘인 '자기'와 찌릿찌릿 전기에 대한 과학 법칙을 바탕으로 발전했습니다. 전자 제품부터 최신형 반도체, 최첨단 센서가 탄생하게 했을 뿐만 아니라, 통신과 컴퓨터에 관한 모든 걸 뒷받침하는 분야죠.

마지막으로 생명공학이 있습니다. 생명이 탄생하고 자라고 늙어 가는 과정을 탐구하고, 유전자를 바꾸고 끼워 넣는 기술을 연구합니다. 인간이 건강하고 행복하게 살 수 있게 하는 의학, 식량 생산, 환경 분야를 주로 담당하죠.

공학의 모든 분야는 매우 밀접하게 연결되어 있습니다. 예를 들어 컴퓨터를 만드려면 기계공학, 전자공학, 화학공학 기술이 모두 필요합니다. 그렇게 만들어진 컴퓨터는 토목공학과 생명공학의 연구와 설계에 반드시 필요하죠. 그래서 공학에서는 함께 일하고 서로 돕고 협력하는 '팀워크'와 '협업'을 소중히 여긴답니다.

공학이 바꾼 지구의 풍경 1위는?

　인류가 처음 지구에 등장했을 때, 인간은 불쌍할 정도로 아무것도 가진 게 없었습니다. 덩치도 작을 뿐만 아니라 날카로운 이빨이 있는 것도 아니고, 빨리 달리거나 높이 뛸 수도 없었죠. 사나운 육식 동물과 비바람을 피해 나무 위나 동굴에 보금자리를 만들어 가며 겨우겨우 살았습니다. 지구의 자연은 인간을 탄생시키고 먹을 것과 잠자리를 내주었지만, 인간이 안전하고 자유롭게 살아가기엔 너무나 가혹한 환경이었습니다.

　처음엔 돌멩이를 들어 나무를 자르고 가죽을 다듬던 인간은, 구리와 철 같은 금속을 다루며 자연 속에서 자신의 자리를 만들어 가기 시작했습니다. 곧 집이 만들어지고, 바퀴가 탄생하고, 강에 다리가 놓였습니다. 옷을 짓는 물레, 물레방아 같은 수차, 풍차로 곡식을 빻는 제분기 같은 기계도 만들어졌고요.

　그러다가 물을 끓여 얻는 힘으로 기계를 움직이는 증기 기관이 발명되었습니다. 인간은 곧 나무 대신 땅속의 석탄과 석유를 꺼내 연료로 쓰기 시작했습니다. 바로 산업 혁명이 일어난 거죠.

그다음부터 세상은 그야말로 빛의 속도로 바뀌기 시작했습니다. 이제 100층이 넘는 건물을 짓거나 자유롭게 움직이는 로봇을 만들거나 우주로 탐사선을 쏘아 올리는 일쯤은 그다지 놀라운 일이 아니죠. 이 모든 게 공학 덕분이었습니다.

공학의 발전으로 우리 생활은 무척 편리하고 여유로워졌습니다. 무척 고마운 일입니다. 그런데 공학이 발전하는 과정에서 생각지도 못한 부정적인 일들이 함께 일어났습니다.

정보 통신 기술이 발달해 마음껏 인터넷 세상을 누리는 건 좋지만, 모르는 사람이 알리고 싶지 않은 내 개인 정보를 훔치기도 합니다. 또 생명공학의 발달로 건강하게 오래오래 살 수 있게 되었지만, 복제 인간을 만들거나 유전자를 맘대로 조작해 아기를 탄생시키는 등의 윤리적인 문제와 맞닥뜨리기도 했죠.

그중에서도 가장 큰 문제는 바로 우리가 살아가는 지구의 자연환경을 훼손시켜 버린 일이었습니다.

인간은 공학의 힘으로 이 작은 행성, 지구에서 자신의 자리를 계속 넓혀 왔습니다. 하지만 인간의 자리가 넓어지면서 숲이 파괴되고, 산과 들이 인간의 물건으로 뒤덮이고, 다른 생물들의 자리는 점점 좁아졌습니다. 다른 생명들에게 굉장히 미안한 일이었죠.

생각해 보면 인간은 문명을 발달시키는 데 필요한 모든 것을 자연으로부터 얻어 왔습니다. 살아가는 데 꼭 필요한 땅과 물, 공기, 먹을거리 등이 당연하게도 자연에서 왔죠. 나무나 금속처럼 물건을 만드는 재료와 석탄이나 석유 같은 화석 연료도 원래는 모두 지구의 것이었습니다. 그런데 인간이 그 자원을 마음껏 꺼내 쓰면서 여러 가지 오염 물질을 배출해 온 거예요.

길고 긴 지구 역사의 끄트머리쯤에 등장한 인간은 정말로 순식간에 지구에 큰 상처를 남기고 말았습니다. 인간 때문에 지구가 망가지기 시작한 것이죠.

빛을 만든 것도 공학, 그림자를 만든 것도 공학이라고?

사실 과학과 공학 기술을 향해 "너네가 환경을 망쳤어!" 하며 손가락질하기는 참 쉽습니다. 뭐든 남의 탓을 하는 게 제일 쉽거든요. 하지만 그런다고 해결되는 건 아무것도 없답니다.

무엇보다 공학은 일부러 지구를 망치려고 세상을 바꾼 게 아닙니다.

공학이 만들어 낸 '플라스틱'을 생각해 볼까요? 우리는 버려진 플라스틱 빨대가 바다거북의 코를 찌르고, 버려진 플라스틱 그물이 바다사자의 목을 조르는 걸 보면서 마음 아파하며 플라스틱을 그만 쓰자고 말하곤 합니다.

하지만 플라스틱은 원래 코끼리를 구하려고 만들어진 거랍니다. 예전에는 코끼리 상아로 당구공이나 악기, 장식품 등을 만들었지만, 플라스틱 덕분에 이젠 누구도 상아를 탐내지 않죠. 거북이도 마찬가지입니다. 옛날에는 산 채로 바다거북의 껍질을 벗겨 빗과 장신구를 만들었지만 이젠 플라스틱으로 만들거든요. 플라스틱이 바다거북을 구한 셈이죠.

비닐봉지는 어떤가요? 우리는 환경을 위해 비닐봉지를 없애자고 말하지만, 사실 비닐봉지는 환경을 살리기 위해 만들어진 것이랍니다.

스웨덴의 공학자 스텐 구스타프 툴린은 종이봉투를 만드느라 수많은 나무가 베어지는 게 너무 안타까워 가볍고 오래가는 봉투를 고민했습니다. 그렇게 해서 금방 찢어지며 자꾸 나무를 희생시키는 종이봉투 대신 몇 번이고 다시 쓸 수 있는 비닐봉지가 탄생했죠.

실제로 우리는 맘만 먹으면 얼마든지 비닐봉지를 여러 번 다시 쓸 수 있습니다. 플라스틱과 비닐봉지를 한 번 쓰고 버리는 잘못된 태도를 고쳐야지, "이게 다 플라스틱 때문이야!"라고 책임을 돌린다든지 "비닐을 만들어 낸 공학은 나빠!"라고 평가하는 건 왠지 앞뒤가 안 맞는 이야기처럼 느껴지지 않나요?

문제가 생겨 걱정이라면, 힘내서 해결하면 됩니다. 문제가 있는 곳에는 언제나 공학이 출동합니다. 우리 인간은 지금껏 늘 어렵고 힘든 문제에 부딪힐 때마다 공학의 도움으로 그 문제를 극복해 왔잖아요?

환경 문제가 지구를 괴롭히고 있다면, 그게 지금 우리가 풀어야 할 가장 크고 시급한 문제라면 당연히 공학이 출동해야겠죠? 더구나 그 문제가 공학에서 비롯된 문제라면 공학이 그 해결 방법을 가장 잘 찾아낼 거예요.

문제가 생겨 걱정이라면,
힘내서 해결하면 됩니다.
**문제가 있는 곳에는 언제나
공학이 출동합니다.**

오염 덕분에 오염이 줄어들었다?

사실 인간이 본격적으로 환경 문제에 관심을 갖게 된 이유는 '오염' 때문이었습니다.

1952년 12월, 영국 런던의 겨울은 몹시 추웠습니다. 사람들은 집을 따뜻하게 하려고 석탄 난로를 열심히 피웠고, 때마침 바람이 불지 않는 날씨가 이어졌죠.

석탄을 태우며 발생한 아황산 가스라는 독한 입자들이 수증기와 만나 도시 전체에 뿌연 스모그 안개를 드리웠습니다. 닷새 동안이나 도시를 감싼 스모그는 런던 사람들에게 나쁜 영향을 미쳤고, 결국 1만 명이 넘는 사람들이 호흡기에 병이 생겨 죽고 말았습니다.

깜짝 놀란 사람들은 곧 '깨끗한 공기법'을 만들어 석탄 대신 오염 물질이 덜 나오는 가스를 쓰고, 굴뚝에서 오염 물질을 걸러 주는 장치를 개발했습니다. 자동차가 나쁜 배기가스를 뿜지 않는 방법도 연구했고요. 이처럼 공기를 깨끗하게 만드는 기술을 열심히 개발하는 한편, 공기를 더럽히는 사람들에게는 큰 벌금을 물렸죠.

70년이 지난 지금, 영국에서는 '맑은 공기의 날' 행사를 맞아 일부 초등학생들의 가방에 최첨단 공기 모니터링 장치를 달았습니다. 가장 깨끗한 공기를 마셔야 할 어린이들이 오가는 곳의 공기 속에 어떤 물질이 들어 있는지 분석하기 위해서였죠. 그렇게 모인 공기 정보는 연구소로 전송되어 더 깨끗한 공기를 만드는 연구에 사용되었습니다.

공기 모니터링 장치

그렇다면 '물'은 어떨까요?

우리는 물 없이는 살 수 없습니다. 마실 물도 중요하지만, 몸을 씻고 청소하고 빨래하는 데 쓸 물도 꼭 필요하죠. 식량을 기르는 데도 물이 필요하고, 공장에서 물건을 만들 때 재료를 섞거나 뜨거운 기계를 식히는 데도 물이 꼭 필요합니다.

놀랍게도 100여 년 전까지만 해도 인간은 더러워진 물을 그냥 그대로 강으로 흘려보냈답니다.

물론 깨끗한 물이 집과 건물로 흘러들도록 연결한 상수도와 더러운 물을 다시 밖으로 흘려보내는 하수도는 수천 년 전부터 따로 썼습니다. 하지만 더러운 물을 강으로 그냥 흘려보내면서 강이 더러워졌고, 그 강물을 다시 먹고 쓰면서 세균과 바이러스 때문에 감염병이 돌기도 했습니다.

사람들은 더럽고 오염된 물에 그렇게 크게 신경을 쓰지 않았습니다. 당시에 물을 깨끗하게 정화하는 기술이 없어서 그랬을지도 모릅니다. 하지만 더 큰 이유는, 그동안은 인간이 흘려보낸 오염 물질을 강 스스로 충분히 정화해 시간이 지나면 곧 맑고 깨끗한 물이 되었기 때문이죠.

하지만 지난 100~200년 사이에 인간은 강이 가진 자연정화 능력을 훌쩍 넘어서는 엄청난 양의 오염 물질을 배출했습니다. 물이 악취를 풍기며 썩어 들고 나서야 인간은 오염된 물을 처리하는 기술을 급히 연구하기 시작했죠.

그 결과 오염된 하수를 깨끗하게 만든 다음에 다시 강으로 흘려보내는 하수 처리 방법이 개발되었습니다. 먼저 물을 촘촘한 스크린으로 거르고, 떠다니는 물질을 가라앉혀 제거한 뒤, 미생물과 약품을 이용해 물을 정화하는 방법이었죠. 물을 정화한 후 남는, 진흙처럼 끈적하고 더러운 침전물인 슬러지는 메테인 가스를 뽑아내거나 비료로 쓰거나 땅에 묻었습니다.

더불어 강이나 호수에서 집으로 보내는 물도 나쁜 물질을 가라앉히고, 숯이나 활성탄을 이용해 흡착해 거른 뒤 세균을 죽이는 염소로 깨끗이 소독해서 공급했죠. 정수기도 여러 종류를 개발해 이제는 누구나 안심하고 물을 쓸 수 있게 되었습니다.

지구를 살리는 공학이 탄생하다

과학과 공학 기술 그리고 산업의 발달은 우리에게 빛과 그림자를 모두 주었습니다. 지난 200년간 인간은 장밋빛 희망과 회색빛 절망을 동시에 맛보았죠.

크고 작은 환경 오염 사건들은 사람들을 불안하게 했습니다. 벌레를 없애 농사에 도움을 주려고 만든 살충제 때문에 기형아가 태어난다거나, 옷감을 부드럽게 만드는 약품에 화학 물질이 들었다거나, 생활용품 속의 수은이나 납 같은 중금속이 신체 마비나 암처럼 큰 병을 일으키는 일들이 일어났거든요.

그뿐인가요? 유조선이 사고를 일으켜 바다에 엄청난 기름을 흘리거나 원자력 발전소에서 사고가 나서 방사능이 유출되면 불안은 더욱 커졌죠.

> 공학이 발전하면서 큰 위험과 피해를 주는 사고가 많아지자 **공학 윤리가 중요해졌어요**. 초강력 무기로 사람을 죽이는 일이나 건물 붕괴 사고, 원자력 발전소 사고, 심각한 환경 오염 문제 등이 일어나지 않도록 공학자들이 올바르게 결정하고 행동하는 것이 바로 공학 윤리예요.

그래서 어떤 사람들은 환경 문제를 해결하기 위해 문명을 거부하고 완전히 자연으로 돌아가자고 주장하기도 합니다. 소박한 옷을 입고 자기가 먹을 걸 직접 기르며 느리고 단순하게 살자고요. 공장도 자동차도 다 멈추고 말이에요.

하지만 70억이 넘는 지구의 인구가 갑자기 모두 자연으로 돌아가 생활하는 건 불가능합니다. 그런데다 지금 누리는 이 쾌적한 생활과 편리함을 다 버리고 원시인처럼 힘들고 거칠게 살고 싶어 하는 사람이 과연 얼마나 될까요?

인간에게 닥친 환경 문제 앞에서, 공학은 문명을 포기하는 대신 환경공학을 발전시키기 시작했습니다. 공학자들은 다양한 기술을 개발해 땅과 물과 공기를 더럽히는 오염 물질을 제거하기 시작했죠. 처음부터 오염 물질이 나오지 않도록 공장과 기계를 설계하고, 어떻게 해야 오염 물질을 막을 수 있을지도 연구했습니다.

빗물까지 다시 쓸 수 있도록 물을 깨끗이 정화하는 기술, 버려진 플라스틱을 타이어나 보도블록으로 재탄생시키는 것처럼 쓰레기를 재활용하는 기술, 자동차의 매연을 줄이는 기술, 독한 화학 물질을 약하게 중화시키는 기술, 장난감의 나쁜 성분을 없애는 기술, 땅을 망치지 않으면서 식물이 더 잘 자라게 만드는 기술, 동물 실험을 하지 않고도 안전한 약품과 화장품을 만드는 기술 등등.

이 모두가 환경공학이 지구와 지구에 사는 생물들을 살리기 위해 내놓은 해결책이랍니다. 다행히 이런 노력 덕분에 지구 환경은 조금씩 제자리를 찾아 가고 있었죠.

하지만 안타깝게도 이런 노력만으로는 막기 어려운 더 큰 위기가 지구에 닥쳐오고 말았습니다. 바로 기후 재앙이었습니다.

공학이 이 위기를 어떻게 극복해 나갈지, 다음 장에서 이야기를 이어 가 볼까요?

환경 탐정 뀨와 공학특공대

지구의 숲을 망가뜨리는 범인을 찾아라!

아니, 저긴 어디야? 아마존인가? 누가 저 멋진 초록 숲을 싹 다 밀어 버린 거냐뀨. 저기 살던 야생 동물들은 다 어떻게 됐나 걱정된다뀨. 공학특공대를 빨리 연결해 보자뀨.

저기는 아마존이 아니라 말레이시아 열대 우림입니닷! 나무들을 베어 내고 저기에 팜유의 원료인 기름야자 나무를 심을 예정이라고 합니닷. 숲에 살던 오랑우탄들이 보금자리를 잃게 될 예정입니닷!

팜유? 팜유라면 라면과 감자칩을 만드는 그 기름이잖아! 오, 안 된다뀨. 나 오랑우탄이랑 숲을 살리기 위해 라면이랑 과자 그만 먹어야 하는 거냐뀨. 그럼 아마존은 어때?

아마존에서는 소 키울 목장을 만들기 위해 열대 우림을 불태우고 있습니닷! 햄버거에 들어갈 소고기 패티를 만들기 위해서라고 합니닷. 소가 먹을 콩과 옥수수를 기르려고 그 옆 숲도 지금 태우고 있는데요. 불길이 엄청나서 우주에서도 아마존이 불타는 모습이 잘 보입니닷!

뭐? 소고기 패티 때문에? 이럴 수가. 라면과 햄버거를 좋아하는 내가 바로 숲을 망가뜨리는 범인이었냐뀨! 안 된다뀨. 내 인생의 유일한 즐거움은 어떡하냐뀨.

고기를 얻기 위해 가축을 기르다 보면 환경이 엄청나게 파괴됩니닷. 실험실에서 세포 공학 기술로 만드는 인공 고기를 추천합니다. 인공 고기가 점점 맛있어지고 있다고 합니닷! 어차피 햄버거는 소스 맛입니닷!

3

빨간 지구를 파랗게, 뜨거운 지구를 시원하게

도와줘! 지구에 또 큰 위기가 닥치고 있어!

사람들이 환경에 관심을 기울이기 시작하고, 환경공학의 활약이 더해지며 환경 오염 문제는 차근차근 해결되고 있었습니다. 도시의 강들만 봐도 알 수 있죠.

한때 더러운 강물이 회색빛 시멘트로 덮인 강둑 사이를 흐르던 시절이 있었습니다. 집과 공장에서 새어 나온 오염 물질까지 섞여 악취를 풍기면서요. 하지만 지금은 시멘트를 걷어 낸 강변에 풀과 나무가 자라고, 그 사이로 깨끗한 물이 흐릅니다. 덕분에 사람들은 편안히 강변을 산책하죠.

이제 우리는 어릴 때부터 지구 환경을 보호하고 소중히 여겨야 한다는 것을 배웁니다. 아주 어린아이들까지도 물과 전기를 아껴 쓰고 쓰레기를 재활용해야 한다는 걸 알죠.

하지만 이런 노력만으로는 도저히 해결할 수 없는 큰 위기가 지구에 찾아오고 말았답니다. 바로 '기후 위기'입니다.

지금도 지구 곳곳에 견딜 수 없이 뜨거운 폭염과 온몸을 얼릴 듯한 한파가 들이닥치고 있습니다. 거세게 몰아치는 강력한 태풍도 전보다 더 자주 발생하고 있죠. 비 한 방울 내리지 않는 가뭄이 계속되다가 갑자기 온 세상을 덮을 듯 쏟아지는 폭우에 홍수가 나기도 합니다. 도저히 손쓸 수 없는 산불이 몇 달이나 계속되기도 하고요.

이러한 위기는 예전의 환경 문제처럼 어느 지역 한 곳의 문제가 아니라 지구 전체에서 일어나는 일이라서, 해결하기가 쉽지 않아 보입니다.

노력만으로는
도저히 해결할 수 없는 큰 위기가
지구에 찾아오고 말았습니다.
바로 '기후 위기'입니다.

대체 기후가 뭐길래 자꾸만 사나워지며 지구에 위기를 불러온 걸까요?

기후는 비가 오고 바람이 불고 날이 춥고 더운 것처럼, 날씨와 관련된 말입니다. 날씨 중에서도 오랫동안 변하지 않는 어떤 지역의 평균적인 날씨를 기후라고 하죠. 그래서 날씨는 매일매일 변하지만, 기후는 거의 변하지 않는답니다.

예를 들어 사하라 사막에 어쩌다 소나기가 내리더라도, 사하라 사막의 기후는 비가 거의 내리지 않는 '건조한 기후'입니다. 또 어쩌다 한 번 따뜻한 날도 있겠지만, 알래스카의 기후는 언제나 추운 '한대 기후'죠.

기후는 짧게는 30년에서 길게는 수천 년씩 변하지 않기 때문에 우리 인간은 자연재해를 대비하면서 살아갈 수 있었습니다.

우리나라만 해도 여름이면 한 달 가까이 전국에 비를 내리는 장마가 지나가고 나면, 뜨거운 날이 이어지다가 몇 번의 태풍이 불곤 합니다. 여름이 물러가면 농작물을 수확하기 좋은 평화로운 가을날이 찾아와 우리나라 사람들은 수천 년 동안 추석 명절을 즐겼죠.

그런데 이렇게 변함없던 기후가 조금씩 변화하기 시작했습니다. 그래서 처음에는 이러한 현상을 '기후 변화'라고 불렀습니다.

기후 변화가 일어나면서 여름이 되어도 장마가 오지 않거나, 장마 대신 하루 이틀 사이에 갑자기 엄청난 비가 쏟아지는 일이 잦아졌습니다.

9월은 물론, 10월에도 태풍이 한반도를 할퀴었고, 옛날에는 경험해 보지 못한 뜨거운 폭염이 찾아와 아스팔트 위의 프라이팬에서는 달걀부침이 익었습니다. 무시무시한 더위로 인해 수십 명이 목숨을 잃기도 했고요.

그러다 보니 에어컨을 트느라 안 그래도 부족한 전기 에너지를 부랴부랴 더 끌어모아야 했습니다. 언제, 어떻게 변할지 모르는 기후 때문에 건물을 짓거나 농사짓는 일을 계획하기도 힘들어졌습니다. 장마를 열심히 대비했는데 헛수고가 되기도 했고, 겨울 추위에 대비해 패딩 점퍼를 잔뜩 만든 회사는 포근한 날씨로 인해 큰 손해를 보기도 했죠.

맞아요. 기후 변화의 가장 큰 문제점은 바로 '예측할 수 없다'는 데 있답니다. 그동안 변하지 않던 기후가 제멋대로 변하니, 계획을 세우고 준비하기가 힘들어진 거죠. 결국 변화라고 부르기엔 너무 문제가 심각해서, 이제는 기후 변화를 '기후 위기'라고 부르게 되었습니다.

지금까지 인간은 수백 년, 수천 년 동안 거의 변하지 않던 기후 덕분에 자연의 변화에 잘 대비하면서 살아왔지만 이제는 언제, 어디에, 얼마나 큰 자연재해가 닥칠지 알아내기 어려워졌습니다.

폭염은 점점 더 뜨겁게, 한파는 점점 더 차갑게, 폭우와 태풍은 점점 더 세차게, 가뭄은 점점 더 길게 우리를 찾아오고 있습니다. 날이 갈수록 변덕스럽고 사나워지는 지구의 자연재해에 꼼짝없이 휘둘리게 된 거예요!

기후 변화의 가장 큰 문제점은 바로 '예측할 수 없다'는 데 있습니다.

지구가 화났다!

그렇다면 도대체 왜, 그동안 변하지 않던 기후가 최근 들어 갑자기 사납게 변하기 시작한 걸까요? 그건 바로 지구의 평균 기온이 올라가고 있기 때문입니다. 지구가 뜨끈뜨끈해지고 있는 거죠.

지구가 점점 뜨거워지고 있다는 이야기나, 그걸 '지구 온난화'라고 부른다는 이야기는 많이 들어 봤을 거예요.

지구가 뜨거워지고 있다는 사실을 사람들에게 가장 먼저 알린 건 북극곰이었습니다. 뜨거운 여름날 아이스크림이 녹듯, 지구의 얼음덩어리인 빙하가 녹기 시작하면서 북극곰의 보금자리가 사라지고 있거든요. 여러분도 작은 빙하 위에 아슬아슬 올라선 불쌍한 북극곰 사진을 본 적이 있죠?

지구가 뜨거워지면 북극곰만 살기 힘들어지는 게 아니랍니다. 빙하도 녹지만 땅의 수분이 증발하며 식물이 말라 죽고, 사막이 더 넓어지면서 사막 근처에 살던 사람들도 보금자리를 잃게 되죠. 건조한 날씨로 인해 산불도 더 많이, 더 크게 발생해 숲에 살던 동물들 역시 보금자리를 잃고요.

물을 데우면 김이 나는 것처럼, 지구가 뜨거워질수록 수증기는 하늘로 더 많이 올라갑니다. 그렇게 올라간 수증기들은 큰 비구름이 되어 예고 없이 이곳저곳에 폭우를 퍼붓고 홍수를 일으킵니다. 그로 인해 많은 사람과 동물이 큰 피해를 입죠.

북극 하늘 위에는 빠르게 흐르며 찬 공기를 묶어 두는 '제트 기류'라는 바람이 있습니다. 지구가 뜨거워지면 이 제트 기류가 약해지는데, 그럼 묶여 있던 찬 공기가 아래로 내려옵니다. 겨울에 북극 바람을 막아 주던 방파제가 무너지는 거죠. 그래서 여름은 여름대로 덥고 겨울에는 갑자기 엄청난 추위가 닥칩니다. 한마디로 날씨가 온통 제멋대로인 거죠.

게다가 제트 기류가 약화되면서 태풍을 쪼그라뜨리는 힘도 덩달아 약해져, 안 그래도 따뜻한 바닷물 때문에 힘이 세진 태풍은 더 오래 사람들을 괴롭힙니다.

따뜻해진 바닷물이 몸집을 부풀리는 동안 한쪽에서는 빙하가 녹으면서 해수면이 올라가 해발 고도가 낮은 섬나라들은 서서히 바닷속으로 잠기고 있죠.

지구 온난화로 해수면이 올라가 물속에 잠기고 있는 섬 몰디브에서
기후 위기를 경고하기 위해 수중 내각 회의를 열었다.

걱정부터 하지 말고 주위를 둘러보자

지구 곳곳에서 재난이 끊이질 않자 기후 위기라는 말로도 모자라 기후 붕괴, 기후 비상사태라는 표현까지 등장했습니다.

기후 변화가 불러온 자연재해로 지구 환경이 휘청거리는 걸 보면, 왠지 마음 한구석이 불안하고 초조해집니다. 실제로 어떤 어른들은 "2030년이면 세상이 무너질지도 모른다." "2050년에는 인류가 멸종할지도 모른다."라고 말하기도 합니다.

그런 말을 들으면 누구나 '아, 정말로 지구가 망하는 건 아닐까?' '이러다 어린이들이 어른이 되기도 전에 지구 종말이 찾아오면 어떡하지?' 하는 생각에 두려운 마음마저 들 겁니다.

하지만 덮어놓고 걱정부터 하는 건 문제를 해결하는 데 아무런 도움이 안 된답니다. 어떤 어려운 문제가 있더라도 겁부터 먹을 필요는 없죠. 더구나 우리는 지금 지구를 살리는 공학을 만나 보려 하고 있고, '문제 해결'이야말로 공학의 임무이자 공학이 제일 잘하는 일이잖아요.

불안감을 덜어 줄 이야기 하나 들려줄까요?

우리는 기후 위기로 인해 태풍의 힘이 점점 더 세지면서 큰 피해를 입지 않을까 걱정하지만, 사실 태풍으로 인한 피해는 태풍의 힘만으로 정해지는 것이 아니랍니다.

약 100년 전인 일제 강점기에는 지금보다 규모가 작은 태풍에도 매번 사망자가 500여 명을 넘었을 뿐만 아니라 온 나라가 물에 잠겨 고통을 겪었습니다. 태풍을 견딜 만큼 튼튼한 건물과 도로를 지을 능력이 없었고, 태풍과 함께 찾아오는 홍수를 막을 댐이나 수로도 전혀 없었기 때문이죠.

하지만 지금은 건축공학과 토목공학의 발달로 튼튼한 건물과 도로가 지어졌고, 정보통신공학의 도움으로 태풍의 경로를 예측해 시민들에게 실시간으로 위험을 알릴 수 있는 시스템이 갖춰졌습니다. 덕분에 태풍 사망자는 평균 15명 정도로 크게 줄었죠.

그럼에도 태풍으로 문제가 생기면 우리는 그것을 교훈 삼아 다음 태풍을 대비할 수 있습니다. 실제로 2003년에 태풍 매미로 인해 큰 피해를 입은 경상남도 해안가 지역은, 이후 아파트를 지을 때 1층을 비우고 기둥을 세워 바람과 물이 쉽게 빠져나가게 하는 필로티 구조를 적용했죠.

또 태풍의 세찬 바람에 높은 빌딩들의 유리창이 깨지자, 사람들은 그것이 건물 사이로 쏠리는 빌딩풍 때문이라는 것을 밝혀냈습니다. 이에 고층 빌딩을 지을 때 건물 중간에 바람이 통과하는 공간을 마련하거나 대형 터빈을 설치해 피해를 줄이고자 했죠. 일부 건물은 빌딩풍과 터빈으로 풍력 발전을 일으켜 건물에 필요한 에너지를 만들어 내기도 했답니다.

영국 런던의 스트라타 SE1 빌딩

이처럼 문제가 생겼을 때 우리는 공학의 문제 해결 과정을 따라가면 됩니다. 무엇이 문제인지 확인하고, 아이디어를 모아 해결할 방법을 찾고, 계획을 짜서 실행하는 것이죠. 그렇게 우리는 불안과 걱정을 넘어 최선의 답을 찾을 수 있을 거예요!

누가 지구에 이불을 덮어 준 거야?

자, 그럼 문제를 해결하기 위해 지구에 찾아온 위기를 다시 정리해 볼까요? 변하지 않던 기후가 최근 들어 갑자기 사납게 변하며 지구 환경에 문제가 생겼다고 했죠? 그리고 그 이유는 지구가 점점 뜨거워지고 있기 때문이라고 했어요.

그렇다면 이제는 지구가 왜 뜨거워졌는지를 생각해 볼 차례입니다. 그 답을 알면 문제를 좀 더 쉽게 해결할 수 있겠죠?

지구가 점점 뜨끈뜨근해지는 이유는 바로 '탄소' 때문이랍니다. 탄소의 원래 이름은 '이산화 탄소'입니다. 많이 들어 봤죠? 맞아요. 우리가 숨을 쉴 때마다 내뿜는 바로 그 기체예요. 인간뿐 아니라 식물을 포함한 모든 생명체가 호흡할 때 내뿜는 기체죠.

여러분 중에서도 탄산음료를 좋아하는 사람이 많을 거예요. 톡 쏘는 그 시원한 느낌! 바로 탄소 덕분입니다. 음료 속의 탄소는 짜릿한 맛을 선물합니다. 그런데 공기층 속의 탄소는 열을 잡아 두는 역할을 한답니다.

무슨 말이냐고요? 어떤 물체든 열을 받으면 그 열을 복사 에너지로 다시 내보냅니다. 지구도 태양의 열과 빛을 받아 온도가 올라갔다가 그 열을 밖으로 내보내죠. 그런데 공기층 속 탄소가 태양으로부터 온 열이 지구 밖으로 빠져나가지 못하도록 잡아 둔다는 거예요.

추운 날 차가운 방에서 이불을 덮고 있으면 이불 속이 따뜻해지죠? 우리 몸이 내보낸 열을 이불 속 공기가, 정확히 말하면 공기 속 탄소가 잡아 두기 때문입니다. 지구도 공기층 이불을 덮고 있는 거나 마찬가지인 셈이죠.

이때 탄소처럼 열을 잡아 두는 역할을 하는 기체들을 '온실 기체' 혹은 '온실가스'라고 부릅니다. 온실가스에는 탄소 말고도 메테인, 아산화 질소 등등 여러 종류가 있는데 탄소가 제일 큰 역할을 하죠.

> **'복사 에너지'**는 직접 접촉하지 않고 전자기파의 형태로 전달되는 에너지를 말해요. 난로 가까이에 가면 공기가 따뜻하지 않아도 몸이 뜨거워지는 현상을 생각하면 이해하기 쉬울 거예요.

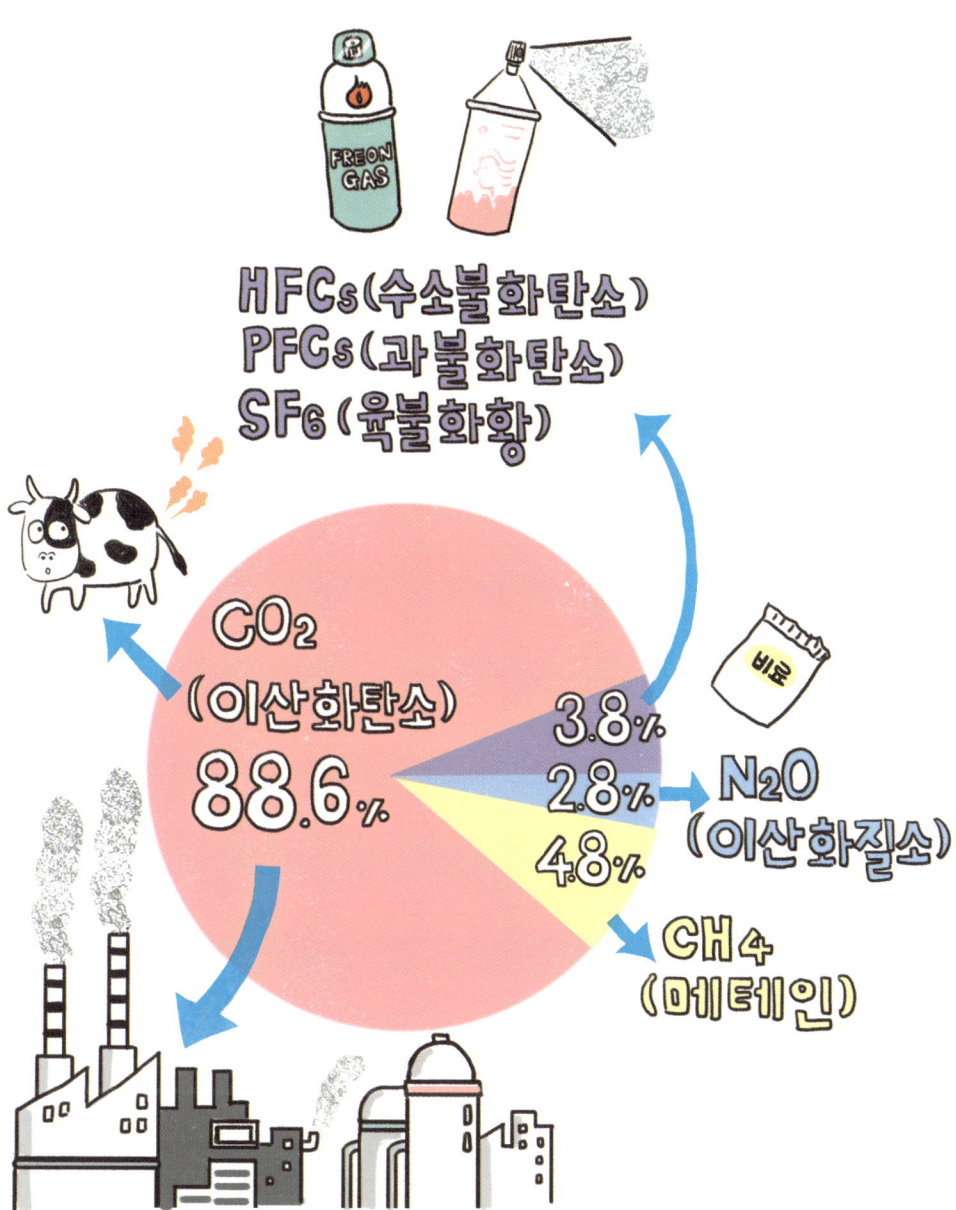

지구가 점점 뜨끈뜨근해지는 이유는 바로 '탄소' 때문입니다.

탄소가 지구를 뜨겁게 만들었다고 하지만, 사실 탄소는 악당이 아니랍니다. 만약 지구에 탄소가 없었다면, 지구의 평균 기온은 지금보다 훨씬 추운 영하 18도 정도였을 겁니다. 탄소가 열을 잡아둔 덕분에 지구는 생명체가 살기 좋은 지금의 온도가 될 수 있었죠.

또 탄소는 식물이 자라는 데 꼭 필요한 기체이기도 합니다. 식물이 탄소를 이용해 광합성을 해서 양분을 만들면 동물은 그 식물을 먹고 살아가죠. 그렇게 탄소는 생명체의 몸에 차곡차곡 쌓인답니다.

그래서 생명체가 죽으면 탄소도 같이 땅에 묻힙니다. 수백만 년 전 죽은 동식물 속 탄소가 땅속에서 높은 열과 압력을 받으면 석탄, 석유, 천연가스 같은 화석 연료가 만들어지기도 하죠.

인간은 산업 혁명이 시작된 18세기부터, 이 화석 연료를 땅속에서 꺼내 열심히 태우기 시작했습니다. 앞에서 산업 혁명이 일어난 후 세상이 빛의 속도로 변했다는 이야기를 했죠? 그래요. 모든 문제는 여기에서부터 시작되었답니다.

모든 문제가 산업 혁명으로부터 시작했다니 그게 무슨 말이냐고요? 산업 혁명 이후, 인간이 탄소가 듬뿍 든 화석 연료를 마구 태우면서 오늘날 공기 속 탄소의 양이 늘어났거든요!

인간은 화석 연료를 태워 얻은 에너지로 공장을 짓고, 기계를 돌리고, 건물과 도로를 만들어 도시를 넓히고, 자동차와 배와 비행기를 움직였습니다. 그동안 탄소는 쉬지 않고 공기 중으로 뿜어져 나왔습니다.

사실 산업 혁명이 시작되기 전까지는 지구의 공기 속에 들어 있던 탄소의 양은 수십만 년 동안 변하지 않고 비슷했습니다. 그런데 산업 혁명 이후 화석 연료를 태우면서 공기 속 탄소 농도가 갑자기 높아졌고 그 결과 지구가 뜨거워진 것이죠.

탄소를 내뿜는 화석 연료들

지구의 기후가 갑자기 사납고 변덕스럽게 변하면서 태풍, 가뭄, 산불, 폭우, 폭염, 한파가 우리를 위기에 빠뜨렸다. 알고 보니 그건 지구가 뜨거워졌기 때문이었다. 그런데 지구가 뜨거워진 건 공기 속으로 탄소가 많이 뿜어져 나왔기 때문이었다. 왜 그렇게 됐나 파헤치니, 그건 인간이 산업 혁명 이후에 화석 연료를 열심히 태웠기 때문이었다.

어떤가요? 지구를 위기에 빠뜨린 범인을 찾는, 정말 길고 복잡한 이야기였죠?

'때문에, 때문에, 때문에'를 따라 지구가 위기에 빠진 원인을 찾으니, 결국은 화석 연료에서 나오는 탄소가 범인이었습니다. 지구의 위기를 해결할 방법을 여기에서 찾을 수 있겠군요. 화석 연료를 몰아내서 탄소가 더 이상 공기 중으로 배출되지 않게 하는 것!

어떻게 보면 답은 굉장히 간단합니다. 그런데 불행히도 지금 당장 화석 연료 사용을 멈추기란 결코 쉽지 않답니다. 전기 자동차만 생각해 봐도 금방 알 수 있죠.

요즘 전기 자동차를 타는 사람들이 꽤 많아졌습니다. 석유로 움직이는 자동차는 탄소를 배출할 뿐만 아니라 매연도 배출해서 미세 먼지까지 만드는데, 아무것도 배출하지 않는 전기 자동차는 정말 환경에 좋은 자동차 같습니다.

그런데 전기가 어디에서 오는지 생각해 본 적 있나요? 불행히도 전기를 만들어 내는 발전소의 70퍼센트는 화석 연료를 사용한답니다. 결국 화석 연료로 전기를 만들어 쓰는 한, 전기 자동차도 탄소를 배출하게 되는 거죠.

지구를 위해 화석 연료를 쓰지 않으려는 노력은 재미나고 엉뚱한 결실을 맺기도 합니다. 똥으로 움직이는 버스처럼요.

실제로 2014년 영국에서는 사람의 배설물을 에너지로 사용하는 버스가 등장했답니다. 버스 옆에는 볼일을 보는 사람의 그림이 붙었죠.

이 버스는 똥으로 만든 바이오 메테인 가스를 이용해서 움직이는데, 다섯 명이 1년 동안 배설한 똥을 모으면 가스 한 통을 만들 수 있다고 합니다. 이 가스 한 통으로 약 300킬로미터를 달릴 수 있는데, 이는 서울에서 부산까지의 거리와 비슷합니다.

사실 똥을 에너지로 쓰려는 연구는 많이 있었습니다. 독일에서는 젖소를 기르는 농부들이 소똥을 바이오 가스로 바꿔 전기를 만들어 썼고, 미국 샌프란시스코에서는 공원에 널린 반려동물의 똥으로 전기를 만들어 가로등을 켰죠.

이처럼 미생물을 이용해 생산하는 바이오 메테인 가스는 다른 화석 연료보다 탄소 배출량이 30퍼센트 정도 적지만, 그래도 여전히 탄소를 배출하기 때문에 탄소로 인한 문제를 해결하기에는 한계가 있습니다.

다행히도 우리에게는 이미 화석 연료 대신 사용할 수 있는, 아무리 써도 줄지 않고 탄소도 배출하지 않는 깨끗한 에너지들이 있습니다.

바로 신재생 에너지입니다. 태양의 빛을 이용한 태양광 에너지, 바람을 이용한 풍력 에너지, 밀물과 썰물의 차이를 이용한 조력 에너지, 파도를 이용한 파력 에너지, 땅속의 열을 이용한 지열 에너지 등이죠. 이 중 태양광 발전과 풍력 발전은 많은 개발과 연구가 이루어져 점점 성능이 좋아지고 있습니다.

그렇다고 해도 당장 화석 연료 사용을 멈추기는 어렵습니다. 태양광 발전이나 풍력 발전은 이제야 겨우 쓸 만하기 시작했고, 핵분열을 이용한 원자력 발전은 탄소를 배출하지는 않지만 너무 위험해서 발전 시설을 많이 짓지 못했거든요.

만약 탄소를 줄이기 위해 지금 당장 화석 연료 발전소를 멈춘다면 우리는 전기 사용량을 지금의 3분의 1로 줄여야 할 겁니다. 그렇게 되면 온 세상이 거의 멈춘 것이나 다름없겠죠?

탄소가 모든 것의 원인이니 화석 연료를 몰아내자는 목소리가 점점 높아지지만, 문제는 그리 단순하지 않답니다. 다음은 화석 연료인 석유로 만드는 것들입니다. 한번 자세히 살펴볼까요?

석유로 만드는 것들

자동차
휘발유, 경유, 타이어
부동액, 아스팔트
타르, 모터오일, 브레이크액
냉각수

의류
폴리에스테르, 나일론
인조견, 엘라스틱
고무 밴드, 단추

건축 자재
배수관, 배선 자재
리놀륨(바닥재), 카펫
비닐, 지붕널, 페인트

개인용품
메이크업 제품, 샴푸
치약, 냄새 제거제
향수, 염색 약품
헤어스프레이
콘택트렌즈, 로션
자외선 차단제
면도 크림, 레이저
면도기, 생리대
기저귀, 콘돔

의료
항생제, 흡입기
산소 호흡기, 밴드
수술용 장갑
소독용 알코올
일회용 주사기, 마취제
기침약, 마스크
항히스타민제
(알러지 치료제)
항생제, 비타민

농업
농약, 제초제
살충제, 비료
식품 보존제

테크놀로지
컴퓨터, 전화기
프린터, 잉크,
텔레비전

가사용품
모든 플라스틱
(가방, 그릇, 용기,
포장재)
스티로폼, 섬유 유연제
테플론 프라이팬
모든 가전제품
가구, 스펀지, 세척제

취미·여가
장난감, 기타 줄, 카메라, 사진,
모든 라켓, 모든 공
구명조끼, 헬멧 낚싯대와 낚싯줄

이것들 중에 하나만 없어도 우리는 정말 큰 불편을 겪을 겁니다. 우리 생활에 꼭 필요한 많은 것들이 화석 연료로 만들어지고 있는데도 무조건 화석 연료를 몰아내자고 하는 건 너무 성급한 주장이죠.

그럼에도 우리는 지구를 뜨겁게 만드는 탄소의 배출량을 어떻게든 줄여야 합니다. 심지어 단순히 줄이는 수준을 넘어 더 이상 공기 중에 탄소가 많아지지 않도록 탄소 배출량을 '0'으로 만들어야만 하죠. 그러지 않으면 점점 더 사나워지는 기후 위기가 기후 재앙으로 돌변할 테니까요.

단순히 줄이는 수준을 넘어 탄소 배출량을 '0'으로 만들어야만 하죠.

탄소, 너를 봉인하겠다!

어떻게 하면 탄소 배출량을 0으로 만들어 지구의 기온이 더 올라가지 않게 할 수 있을까요?

답은 간단합니다. 인간이 배출하는 탄소의 양과 지구가 흡수하는 탄소의 양이 같아지게 하면 됩니다.

지구가 탄소를 흡수한다고 하면 조금 이상하게 들리겠지만, 나무를 생각하면 금방 이해할 수 있을 겁니다. 나무는 광합성을 하면서 탄소를 흡수합니다. 그래서 나무를 많이 심으면 탄소의 흡수량을 늘릴 수 있죠.

이렇게 플러스인 배출량과 마이너스인 흡수량을 더해 제로로 만드는 걸 '탄소 중립' 또는 '넷제로(Net-Zero)'라고 부릅니다. 지금도 수많은 과학자와 공학자들이 탄소 중립을 이루기 위해 가능한 모든 방법을 찾고 있죠. 지구에 닥친 가장 시급한 문제를 해결하기 위해서요.

　이미 이야기했지만, 아무리 지구가 위기 상황에 놓여 있다 하더라도 탄소를 배출하는 발전소나 공장을 곧바로 멈추기는 어렵답니다. 지구의 미래를 몹시 걱정하는 사람들은 그 어떤 부족함과 불편함을 겪더라도 당장 모든 걸 멈추자고 말하지만, 그렇게 되면 전 세계가 큰 혼란에 빠지고 말 겁니다. 혹시라도 그렇게 해서 갑자기 지구에 에너지와 자원이 부족해지면, 가장 돈 없고 힘없는 사람들부터 큰 고통을 당할 테고요.

배출량과 흡수량을 더해 제로로 만드는 걸 '탄소 중립' 또는 '넷제로'라고 부릅니다.

당장 화석 연료 사용을 멈출 수 없다면, 탄소를 내뿜는 공장과 발전소에 탄소를 모으는 장치를 달면 어떨까요? 예전에 공장 굴뚝에서 나오는 오염 물질과 매연을 막기 위해 환경공학자들이 공기 청정 장치를 개발해 설치한 것처럼 말이죠.

탄소 중립을 위한 여러 방법 중 '게임 체인저'라는 이름을 얻은 기술이 있습니다. 바로 '탄소 포집 기술'입니다. 원래 게임 체인저는 게임의 흐름을 통째로 바꾸거나 판을 뒤집어 놓을 만큼 결정적인 역할을 하는 사람을 가리키는 말입니다. 대체 얼마나 새로운 기술이기에 이런 이름까지 얻은 걸까요?

이 기술은 3단계의 과정을 거칩니다.

첫 번째 단계에서는 발전소, 제철소, 시멘트 공장처럼 큰 산업 시설에서 뿜어져 나온 가스에서 탄소를 분리해 모읍니다. 이걸 '포집'이라고 합니다.

두 번째 단계에서는 분리한 탄소를 압축해서 트럭이나 배에 실어 운반한 다음, 파이프라인 같은 관을 이용해 이동시킵니다.

세 번째 단계에서는 이동시킨 탄소가 다시 공기 중으로 빠져나가지 못하도록 땅속 깊은 곳 암반층이나 바닷속에 저장합니다.

탄소 포집 기술은 이미 1970년대부터 연구와 개발이 이루어져 왔답니다. 한발 앞서 미래를 내다본 과학자와 공학자들의 능력과 그 준비성이 참 멋지게 느껴지죠? 하지만 비용이 너무 비싸서 그동안은 활발한 연구가 이루어지지 못했습니다. 다행인 것은 지구가 위기 상황에 놓이며 많은 지원과 투자가 이루어져 2021년에는 포집 비용이 5분의 1로 줄어들었답니다.

한편 탄소를 저장만 하는 게 아니라 아예 쓸모 있는 자원으로 탈바꿈하는 기술도 계속 연구되고 있습니다.

포집한 탄소에 화학 반응을 일으키는 적당한 촉매를 넣으면 썩는 플라스틱의 원료가 되는 기술입니다.

탄소에 다른 촉매를 넣으면 세정제, 윤활유, 화장품에 쓰이는 올레핀이나 장난감, 옷, 아스피린, 세제의 원료인 나프타 등으로 탈바꿈시킬 수도 있다고 합니다. 그래서 이 기술은 '미래의 연금술'이란 별명으로 불린답니다.

여러분도 이제 알았을 거예요. 지구가 뜨거워지는 것을 막고 위기에 빠진 지구를 구하려면, 탄소 배출을 멈추고 탄소 중립을 이루어야 한다는 것을요. 그러려면 인류는 그동안 살아온 방식을 바꾸어야만 합니다. 한 사람 한 사람이 지구를 위해 덜 쓰고, 덜 먹고, 덜 버리는 게 중요하니까요.

하지만 그것만으로는 아직 충분하지 않습니다. 오히려 많이 부족하죠. 지구에겐 시간이 별로 없거든요.

태양광 에너지나 풍력 에너지를 더 빨리, 더 많이 쓰기 위한 연구와 개발이 아주 시급합니다. 탄소를 더 많이 줄이고 아예 공기 중으로 내보내지 않는 적극적인 해결책도 꼭 필요하고요.

지구를 살리려는 공학의 가능성을 믿고 응원해 줄수록, 지구는 위기를 슬기롭게 이겨 낼 수 있을 거예요.

환경 탐정 뀨와 공학특공대

지구를 뜨겁게 만드는 범인을 찾아라!

아, 너무 더워! 으, 너무 추워! 왜 이렇게 비가 한꺼번에 쏟아지는 거야? 으악! 슈퍼 태풍이다! 오, 이런. 오랜 가뭄 때문에 너무 목말라……. 공학특공대! 도대체 지구에 무슨 일이 일어나고 있는 거냐뀨!

온실가스 배출로 지구의 에너지 방출이 방해를 받아 지구가 점점 뜨거워지고 있습니닷! 기온 상승으로 지구 시스템에 문제가 생겨 이상 기후 현상이 지구 곳곳에서 일어나 막대한 피해가 발생하고 있습니닷!

온실가스? 엣헴. 탄소, 메테인, 아산화 질소, 수소 불화 탄소, 과불화 탄소, 육불화황을 말하는 거지? 내가 뭘 좀 안다뀨. 이 중에 제일 문제가 되는 놈이 탄소렸다!

네넷! 그래서 지금 탄소를 잡아들이고 있습니닷! 전기 자동차 회사인 테슬라의 CEO 일론 머스크가 '탄소 포집 기술 개발 경연 대회'에 무려 1억 달러, 우리 돈으로 천억 원이 넘는 상금을 내걸었습니닷!

헉, 천억 원이면 초코 과자가 몇 봉지냐뀨. 오늘부터 당장 개발 들어간다뀨.

공기 중의 탄소를 포집해 다이아몬드를 만드는 기술도 개발되었습니닷! 원래 연필심도, 다이아몬드도 다 탄소니까요. 탄소 20톤으로 1캐럿짜리 다이아몬드를 만들 수 있는데, 한 사람이 2년 동안 배출하는 탄소량과 같다고 합니닷!

이럴 수가! 그러면 나 탄소를 더 뿜고 싶어진다뀨. 지구야, 미안!

4

지속 가능한 지구를 위해, 달려라 공학!

지속 가능한 미래를 준비하는 시간

스마트폰으로 게임을 하고, 전자레인지에 음식을 데워 먹고, 자동차를 타고 영화를 보러 가고, 더우면 에어컨을 트는 생활.

과학 기술이 이루어 낸 문명은 정말 생각할수록 대단합니다. 그래서 이런 세계를 만들어 낸 부모님과 할머니, 할아버지 세대가 존경스럽고 고맙게 느껴지기까지 합니다.

그런데 한편으로는 여유롭고 행복하게 살기 위해 만든 것들, 즐겁고 편리한 생활을 위해 만든 것들이 환경을 오염시키고 지구에 위기를 가져왔다는 이야기를 들으면, 왠지 억울하기도 합니다. 어른 세대가 저지른 환경 파괴의 책임을 어린 세대가 짊어지는 것 같으니까요.

어떤 어른들은 과학 기술 문명이 주는 편리함을 다 포기하고 옛날로, 자연으로 돌아가자고 말합니다. 그런 이야기를 들어도 억울하게 느껴질 수 있습니다. 어른 세대가 누린 편리함과 즐거움을 우리는 누리지 말라는 말과 같으니까요.

또 다른 어른들은 과학 기술과 공학이 모든 것을 다 해결해 줄 테니 걱정하지 말라고 하면서, 지금보다 더 많이 환경을 개발하고 자연을 파헤치려 합니다. 이런 이야기를 하는 사람들은 이미 환경을 망가뜨린 사람들보다 더 나쁩니다. 정말로 다음 세대의 미래를 빼앗는 사람들이니까요.

그래요. 우리는 지금 앞으로의 삶을 걱정해야 할 정도로 환경이 망가져 위기에 처한 지구에 살고 있습니다. 그렇다고 이러한 위기를 누군가에게, 특히 다음 세대에게 무조건 떠넘기며 희생을 강요할 수는 없잖아요?

이런 마음이 모여 '지속 가능한 발전'이라는 생각이 탄생했습니다. 처음 지속 가능한 발전이란 말이 만들어질 때만 해도 인간의 욕심을 앞세워 무조건 환경을 개발한 일을 반성하는 마음이 제일 컸답니다. 이러다가는 다음 세대에게 아무것도 남지 않은 황폐한 지구를 물려줄지도 모른다고 걱정한 것이죠.

1987년 세계환경개발위원회(WCED)가 발간한 보고서에서는 지속 가능한 발전을 '미래 세대의 욕구를 제약하지 않으면서, 지금 세대의 필요를 충족시키는 것'이라고 정의했습니다.

조금 어렵다고요?

다시 말해 지구의 자원은 제한되어 있으니까, 지금 마구 다 써 버려서 미래 세대가 쓸 자원을 모자라게 하지 말자는 뜻입니다. 현재 지구에서 사는 사람도, 나중에 지구에서 살아갈 사람도 다 행복할 수 있도록 지구 환경을 적당히 이용하자는 거죠.

하지만 시간이 흘러 지구는 처음 지속 가능한 발전을 이야기했을 때보다 훨씬 더 큰 위기 상황에 처하게 되었습니다. 그러다 보니 환경 문제를 해결할 때 가장 중요한 것은 인간이 아니라 자연이라고 생각하는 사람들도 많아졌죠.

이런 사람들은 자연을 무조건 원래대로 복원하는 게 인간의 행복보다 더 중요하다고 말합니다. 자연을 아예 이용하지 말자는 거죠. 인간이 빠진, 자연환경만의 지속 가능성을 더 소중히 생각하는 거예요.

인간이 망가뜨린 지구 앞에서, 인간은 더 반성해야 하고 겸손해져야 한다고 생각하는 게 당연한 일인지도 모릅니다.

하지만 인간 역시 지구에서 무척 중요한 존재입니다. 물론 환경을 망가뜨린 것에 대해서는 반성할 필요가 있지만, 그렇다고 지금까지 걸어온 길과 정반대의 길로 가는 것도 현명한 선택은 아니죠.

무엇보다 지구는 지금 인간의 행동이 필요합니다. 생각해 보세요. 탄소 배출로 찾아온 기후 위기 상황을 인간이 해결하지 않고 그냥 내버려 둔다면 지구는 어떻게 될까요? 아프게 했으면 책임을 져야죠.

실제로 많은 사람이 책임감을 갖고 지구에서의 지속 가능한 발전을 위해 열심히 노력하고 있습니다. 산불을 예로 들어 볼까요?

지구가 뜨거워지면서 더 자주, 더 심하게 산불이 발생하고 있습니다. 산불이 크게 나면 날수록 반드시 그 불을 빠르게 꺼야 합니다. 나무가 불에 타면서 탄소가 배출되기 때문이죠. 배출된 탄소는 다시 지구의 온도를 높이고, 그러면 산불은 더 커질 테니까요. 이럴 때 공학의 도움이 꼭 필요합니다.

옛날부터 소방관들은 산불이 나면, 비행기를 이용해 불에 잘 타지 않고 불길을 완화해 주는 '난연제'를 뿌렸습니다. 하지만 난연제를 뿌리다 보면 중간에 많이 증발되는 데다 난연제 속에 들어 있는 화학 물질이 산을 오염시켰죠.

해마다 산불이 심해지자, 미국 스탠퍼드대학교 재료과학공학과 연구팀이 '하이드로젤'이라는 물질을 개발해 냈습니다. 이 물질은 식물의 세포벽 성분인 셀룰로오스로 만들어 환경에 해롭지 않고, 증발 속도도 느려 산불을 끄는 데 큰 도움이 되었죠.

한편 인공 지능을 이용해 숲에 불을 지르는 사람들을 잡아내는 장치도 만들어졌습니다. 아마존처럼 넓고 깊은 숲은 일일이 감시하기 어렵죠. 그래서 사람들은 녹음기와 중고 스마트폰, 태양 전지판으로 '가디언'이라는 도구를 만들어 숲 곳곳에 놓아 두었습니다. 스마트폰이 녹음기에 소리를 전송하면, 인공 지능이 이 소리를 분석하는데, 새소리나 바람 소리 외에 사람이 내는 소리가 잡히면 바로 숲을 지키는 사람들에게 경보를 보낸다고 합니다.

산이 많을 뿐더러 높고 험한 우리나라는 드론을 이용해 산불을 감시하고 있습니다. 강원도처럼 산불 발생 취약 지역에 드론을 띄워 산불이 대형 산불로 번지는 것을 사전에 차단하고 있죠.

호주에서는 큰 산불이 나면 너무 느려 미처 도망치지 못한 코알라들이 많이 희생되곤 합니다. 다가오는 불길에 맞서 아기 코알라를 꼭 안고 꼼짝 못 하는 엄마 코알라가 찍힌 사진은 많은 사람의 마음을 아프게 했죠.

지구는 지금 인간의 행동이 필요합니다.
기후 위기 상황을
인간이 해결하지 않고
그냥 내버려 둔다면
지구는 어떻게 될까요?

이제 산불로 인한 코알라의 죽음을 막고, 아픈 지구를 되살려 지속 가능한 행성으로 만들기 위해 공학이 나설 차례입니다. 공학은 우리에게 꼭 필요한 동반자가 될 거예요.

지구공학, 희망의 끈을 놓지 마

우리는 지금껏 공학의 힘으로 지구를 살리려는 노력에 대해 이야기했습니다. 이처럼 공학 기술로 뜨끈뜨끈해지는 지구의 환경을 변화시키고자 연구하는 공학 분야를 '지구공학(Geo-engineering)'이라고 합니다. 지구공학은 지구 전체를 아우르는, 크고 자유롭고 과학적이면서도 독창적인 해결책을 찾아내는 일을 합니다. 지구의 기후 시스템을 인공적으로 조절하는 연구를 하죠.

다음은 지구의 기온을 낮추기 위한 지구공학의 여러 가지 아이디어들이랍니다.

- 우주에 커다란 거울을 설치해 태양 빛을 반사하기.
- 소금으로 만든 구름 씨앗을 이용해 인공 구름을 만들어 태양 빛을 막기.
- 바다에 철분을 뿌려 영양분이 많아지게 한 다음, 엄청나게 많은 해조류가 자라게 해 탄소를 흡수하게 만들기.
- 공기 중에서 탄소를 빨아들이는 수많은 인공 나무 장치를 만들어 이곳저곳에 설치하기.

어떻게 보면 정말 가능할까 싶을 만큼 용감하고 무모하게 느껴집니다. 하지만 다르게 보면 빠르고 효과적으로 탄소를 제거하거나 지구 기온을 낮추는 데 도움을 줄 수 있을 것 같지 않나요?

실제로 이 아이디어 중 하나는 굉장히 적극적으로 연구와 실험이 진행되었답니다. 하늘 높은 곳, 바람이 불지 않는 성층권에 작은 입자들인 에어로졸을 뿌려 태양열을 막으려는 방법으로, 효과를 기대하는 사람이 많았답니다. 그도 그럴 것이 1991년에 필리핀의 피나투보 화산이 폭발해 화산재가 하늘 높이 솟아오른 적이 있었는데, 그 영향으로 햇빛이 1퍼센트 감소하고, 지구 기온도 0.5도 내려갔거든요. 지구를 차갑게 한 효과는 3년이나 지속되었고요. 이 사건은 지구공학 실험에 큰 영감을 주었습니다.

미국 하버드대학교 연구팀은 거대한 풍선을 하늘 위로 올려 탄산 칼슘 가루를 뿜어 햇빛을 반사하려는 '스코펙스' 실험을 설계하고 추진했습니다. 하지만 스웨덴에서 진행될 시험 비행을 앞두고 실험은 미뤄지고 말았죠.

비행 실험을 멈춘 건 여러 가지 부작용을 걱정해서였습니다. 특히 입자가 뿌려졌을 때 육지와 바다 사이에 온도 차이가 생길 수 있는데, 그러면 남아시아와 아프리카 지역에 큰 비가 내릴 수 있다는 우려가 많았죠. 안 그래도 기후 위기로 가난하고 약한 사람들이 큰 고통을 겪고 있는 마당에, 이 실험으로 그들이 더 큰 피해를 입는 건 정의롭지 않다고 판단한 거예요.

공학 기술로
뜨끈뜨끈해지는 지구의 환경을
변화시키고자 연구하는 공학 분야를
'지구공학' 이라고 합니다.

공학, 지구의 내일을 부탁해!

아직은 우리도 지구의 기후 시스템을 완벽하게 알지 못하기에, 지구공학 실험이 어떤 부작용을 가져올지 정확히 알 수 없습니다. 그래서 절대 지구를 걸고 위험을 무릅쓰면 안 된다며 지구공학 자체를 반대하는 사람들이 꽤 많죠.

하지만 지구공학도 우리의 미래를 위한 연구 중 하나랍니다. 정보가 부족하다고, 우리가 모든 것을 알지 못한다고 해서 도전과 노력조차 그만두어야 할까요? 무조건 지구공학을 반대하는 건 미래를 멀리 내다보지 않는 태도가 아닐까요?

기후 위기를 극복하려는 창의적이고 꾸준한 노력이 없다면, 우려의 목소리에 지구공학을 이대로 포기한다면, 훗날 지구에 지금보다 더 큰 위기가 찾아왔을 때 우리에겐 아무런 방법이 없을지도 모릅니다.

혹시 모를 미래, 지구공학 기술을 사용해야 할지도 모를 그때를 대비해서라도 지구공학은 계속 연구를 이어 나가야만 합니다.

우리가 공학자들의 이야기에 좀 더 열심히 귀를 기울이고, 공학자들은 평범한 사람들의 목소리까지 마음에 담는다면, 어떤 어려움도 함께 헤쳐 나갈 수 있지 않을까요? 우리 모두 각자의 자리에서 지구를 살리기 위한 노력을 계속하는 거죠.

 우리는 공학과 함께 지구에 닥친 위기를 해결하고 우리 앞에 놓인 문제를 잘 해결할 수 있을 거예요. 지금껏 인류가 늘 그래 왔듯이 말이죠.

환경 탐정 뀨와 공학특공대

지구의 온도를 낮춰 줄 실마리를 찾아라!

날씨가 더우니까 하얀 티셔츠를 입어야겠다뀨. 흰색은 햇빛을 반사하니깐. 앗! 그렇다면? 공학특공대, 지구에 흰 옷을 입히는 방법을 찾아보자!

이미 10년 전부터 '쿨 루프'라고 부르는 하얀 지붕 캠페인이 진행되고 있습니다. 미국 뉴욕에서 오래된 벽돌집에 사는 노인들이 뜨거운 폭염으로 사망하는 일이 자꾸 생겨서 옥상을 흰색 페인트로 칠했더니 실내 온도가 낮아졌다고 합니닷!

그래, 바로 그거야! 안 그래도 우리나라 초록 옥상들이 너무 촌스러웠어. 아예 도시 전체를 하얗게 칠하면 되겠다뀨! 당장 페인트를 준비하자뀨!

그러면 눈부심 때문에 일상생활이 힘들어집니닷! 도로가 하얀색이 되면 빛이 반사되어 시야를 방해하기 때문에 운전이 어려워질 겁니다. 이런 큰 프로젝트는 연구가 더 필요합니닷!

도시 색깔 좀 바꾼다고 무슨 큰일이 일어나겠어? 우리에겐 선글라스가 있잖아, 선글라스! 페인트칠하기 전에 나에게 어울리는 선글라스부터 장만해야겠다뀨!

갑자기 대규모로 햇빛을 반사해 버리면 태풍이나 한파가 발생할 수 있습니닷! 어떤 일이 일어날지 모릅니닷! 지구 전체를 대상으로 하는 실험은 마지막의 마지막까지 신중해야 합니닷! 그보다 무슨 일만 있으면 일단 소비부터 하려는 검은 마음부터 하얗게 바꾸시죠!